ETSY
PLANIFICATEUR

Ce planificateur appartient à

Nom - Prénom _____

Email _____

Business _____

*En souhaitant que votre Planner, vous donne une entière satisfaction.
Merci de me laisser une évaluation, afin de me soutenir dans mes créations.*

Sonia Autrice indépendante

EDITIONS MLLE COMMUNITY MANAGER

Tous droits réservés.

Cet ouvrage est protégé par droit d'auteur. Tous les droits, ainsi que la traduction, la réimpression, la reproduction de l'ouvrage ou de partie de celui-ci sont réservés. Aucune partie de l'oeuvre ne peut être reproduite, réimprimée, diffusée sans autorisation écrite de l'éditeur sous quelle forme que ce soit. (photocopie, microfilm ou autre procédé.)

Vue de l'ensemble de l'activité

Mission de la boutique Etsy

Objectifs commerciaux de la boutique Etsy

- [ ] _____
- [ ] _____
- [ ] _____
- [ ] _____
- [ ] _____

- [ ] _____
- [ ] _____
- [ ] _____
- [ ] _____
- [ ] _____

Position de vente unique de la boutique Etsy

Valeurs commerciales fondamentales

_____
_____
_____
_____
_____

Calendrier des activités

_____
3 MOIS
_____
6 MOIS
_____
1 AN
_____
1.5 ANS
_____
2 ANS
_____
3 ANS
_____
5 ANS
_____

Création de la boutique

Réflexion sur un nom de magasin

Catégories / sections de la boutique

Section "À propos de moi" d'Etsy

Assistants de la boutique / Membres

Image de marque de la boutique

croquis de la conception d'une bannière de magasin

icône de la boutique

thème couleur de la boutique

NOTES

Configuration générale

Nom de la boutique	
Email de connexion	**Mot de passe**
Adresse Postale	**N° TVA**

Modes de paiement

Politiques de la boutique

LES PRODUITS PHYSIQUES
LES PRODUITS NUMÉRIQUES

EXPÉDITION
REMBOURSEMENTS

DEMANDES SPÉCIFIQUES
CUSTOMISATIONS

MATÉRIAUX UTILISÉS
AUTRE

Brainstorming

Nouveau produit Public cible :

Points douloureux et problèmes à résoudre :

Idées de produits :

Listing pour le lancement :

- ☐ Recherche de produits
- ☐ Production
- ☐ Design Graphique
- ☐ SEO Recherche
- ☐ Liste description
- ☐ Liste téléchargement
- ☐ Liste publication
- ☐ Partage Réseaux Sociaux

Brainstorming

Nouveau produit Public cible :

Points douloureux et problèmes à résoudre :

Idées de produits :

Listing pour le lancement :

- ☐ Recherche de produits
- ☐ Production
- ☐ Design Graphique
- ☐ SEO Recherche
- ☐ Liste description
- ☐ Liste téléchargement
- ☐ Liste publication
- ☐ Partage Réseaux Sociaux

Planificateur de nouveaux produits

Nom du produit :

Date :

Categorie :

Taille :

Longueur: Largeur:

Hauteur: Poids:

Mots clés:

1.	8.
2.	9.
3.	10.
4.	11.
5.	12.
6.	13.
7.	Prix:

Description:

Planificateur de nouveaux produits

Nom du produit :	Date:

Categorie :	Taille :
	Longueur: Largeur: Hauteur: Poids:

Mots clés:

1.	8.
2.	9.
3.	10.
4.	11.
5.	12.
6.	13.
7.	Prix:

Description:

Tags de produits Etsy

Utilisez cette page pour votre recherche de tags. Faites un brainstorming sur les étiquettes pour chacun de votre produit.

Produits:	Produits:	Produits:

Produits:	Produits:	Produits:

Tags de produits Etsy

Utilisez cette page pour votre recherche de tags. Faites un brainstorming sur les étiquettes pour chacun de votre produit.

Produits:	Produits:	Produits:

Produits:	Produits:	Produits:

Coupons & Promotion

Mois:	Année:

Campagne et promotion planifiées

Panier abandonné	
Favoris récents	

Coupons individuels

Code Coupon	Réduction	Durée	Utilisations	Revenus

FUTURES PROMOTIONS:

VACANCES:

Coupons & Promotion

Mois:	Année:

Campagne et promotion planifiées

Panier abandonné	
Favoris récents	

Coupons individuels

Code Coupon	Réduction	Durée	Utilisations	Revenus

FUTURES PROMOTIONS:

VACANCES:

Suivi des commandes Etsy

ARTICLE VENDU	DATE DE LA COMMANDE	IDENTIFIANT
NUMÉRO DE SUIVI	**DATE D'EXPÉDITION**	**VÉRIFICATION FAITES ?**

ARTICLE VENDU	DATE DE LA COMMANDE	IDENTIFIANT
NUMÉRO DE SUIVI	**DATE D'EXPÉDITION**	**VÉRIFICATION FAITES ?**

ARTICLE VENDU	DATE DE LA COMMANDE	IDENTIFIANT
NUMÉRO DE SUIVI	**DATE D'EXPÉDITION**	**VÉRIFICATION FAITES ?**

ARTICLE VENDU	DATE DE LA COMMANDE	IDENTIFIANT
NUMÉRO DE SUIVI	**DATE D'EXPÉDITION**	**VÉRIFICATION FAITES ?**

ARTICLE VENDU	DATE DE LA COMMANDE	IDENTIFIANT
NUMÉRO DE SUIVI	**DATE D'EXPÉDITION**	**VÉRIFICATION FAITES ?**

ARTICLE VENDU	DATE DE LA COMMANDE	IDENTIFIANT
NUMÉRO DE SUIVI	**DATE D'EXPÉDITION**	**VÉRIFICATION FAITES ?**

Suivi des commandes Etsy

ARTICLE VENDU	DATE DE LA COMMANDE	IDENTIFIANT
NUMÉRO DE SUIVI	**DATE D'EXPÉDITION**	**VÉRIFICATION FAITES ?**

ARTICLE VENDU	DATE DE LA COMMANDE	IDENTIFIANT
NUMÉRO DE SUIVI	**DATE D'EXPÉDITION**	**VÉRIFICATION FAITES ?**

ARTICLE VENDU	DATE DE LA COMMANDE	IDENTIFIANT
NUMÉRO DE SUIVI	**DATE D'EXPÉDITION**	**VÉRIFICATION FAITES ?**

ARTICLE VENDU	DATE DE LA COMMANDE	IDENTIFIANT
NUMÉRO DE SUIVI	**DATE D'EXPÉDITION**	**VÉRIFICATION FAITES ?**

ARTICLE VENDU	DATE DE LA COMMANDE	IDENTIFIANT
NUMÉRO DE SUIVI	**DATE D'EXPÉDITION**	**VÉRIFICATION FAITES ?**

ARTICLE VENDU	DATE DE LA COMMANDE	IDENTIFIANT
NUMÉRO DE SUIVI	**DATE D'EXPÉDITION**	**VÉRIFICATION FAITES ?**

Bon de commande Etsy

NUMÉRO DE COMMANDE: _____   DATE DE COMMANDE: _____

CLIENT	
ADRESSE	
EMAIL	TÉLÉPHONE

ARTICLE #	DESCRIPTION	QUANTITÉ	PRIX/UNITÉ	PRIX TOTAL

MODE D'EXPÉDITION		TOTAL H.T	
SOCIÉTÉ DE TRANSPORT		REMISE	
N° DE SUIVI		TAXES	
DATE D'ENVOI		EXPÉDITION	
DATE D'ARRIVÉ		TOTAL T.T.C	

NOTES

Bon de commande Etsy

NUMÉRO DE COMMANDE _____   DATE DE COMMANDE _____

CLIENT	
ADRESSE	

EMAIL		TÉLÉPHONE	

ARTICLE #	DESCRIPTION	QUANTITÉ	PRIX/UNITÉ	PRIX TOTAL

MODE D'EXPÉDITION		TOTAL H.T	
SOCIÉTÉ DE TRANSPORT		REMISE	
N° DE SUIVI		TAXES	
DATE D'ENVOI		EXPÉDITION	
DATE D'ARRIVÉ		TOTAL T.T.C	

NOTES

Gestion des Commandes

NOM CLIENT			
DATE COMMANDE		TOTAL PRIX/QUANTITÉ	
DATE D'EXPÉDITION		PRIX TOTAL	
MODE DE PAIEMENT			

NOM CLIENT			
DATE COMMANDE		TOTAL PRIX/QUANTITÉ	
DATE D'EXPÉDITION		PRIX TOTAL	
MODE DE PAIEMENT			

NOM CLIENT			
DATE COMMANDE		TOTAL PRIX/QUANTITÉ	
DATE D'EXPÉDITION		PRIX TOTAL	
MODE DE PAIEMENT			

NOM CLIENT			
DATE COMMANDE		TOTAL PRIX/QUANTITÉ	
DATE D'EXPÉDITION		PRIX TOTAL	
MODE DE PAIEMENT			

NOM CLIENT			
DATE COMMANDE		TOTAL PRIX/QUANTITÉ	
DATE D'EXPÉDITION		PRIX TOTAL	
MODE DE PAIEMENT			

Gestion des Commandes

NOM CLIENT
DATE COMMANDE **TOTAL PRIX/QUANTITÉ**
DATE D'EXPÉDITION **PRIX TOTAL**
MODE DE PAIEMENT

NOM CLIENT
DATE COMMANDE **TOTAL PRIX/QUANTITÉ**
DATE D'EXPÉDITION **PRIX TOTAL**
MODE DE PAIEMENT

NOM CLIENT
DATE COMMANDE **TOTAL PRIX/QUANTITÉ**
DATE D'EXPÉDITION **PRIX TOTAL**
MODE DE PAIEMENT

NOM CLIENT
DATE COMMANDE **TOTAL PRIX/QUANTITÉ**
DATE D'EXPÉDITION **PRIX TOTAL**
MODE DE PAIEMENT

NOM CLIENT
DATE COMMANDE **TOTAL PRIX/QUANTITÉ**
DATE D'EXPÉDITION **PRIX TOTAL**
MODE DE PAIEMENT

Audience cible

Il est temps de creuser et de commencer à réfléchir à qui vous voulez attirer ! La connaissance de vos clients idéaux vous aidera à comprendre comment vos services correspondent à leurs besoins et comment vous pouvez contribuer à résoudre leurs problèmes

GENRE	Age	Localisation

Education	Niveau de vie	Occupation

Que font-ils pendant leur temps libre ?

Quelles sont leurs marques et boutiques et magasins préférés ?

Quelles sont leurs plus grandes frustrations ?

Analyse Concurrence

	Concurrent 1	Concurrent 2	Concurrent 3	Concurrent 4
PRODUITS				
PRIX				
APPARENCE (COULEUR, TYPO)				
QUALITÉ				
PACKAGING				
NOTORIÉTÉ				
LIEN INTERNET				

Suivi Etsy Ads

DATE _____

BUDGET JOURNALIER	DÉPENSES	VENTES

LISTES:

- [ ] _____
- [ ] _____
- [ ] _____
- [ ] _____
- [ ] _____

- [ ] _____
- [ ] _____
- [ ] _____
- [ ] _____
- [ ] _____

RESULTATS

DURÉE DES PUBLICITÉS	BÉNÉFICE TOTAL	DATE DE LA PROCHAINE CAMPAGNE PUBLICITAIRE

NOTES

Suivi Etsy Ads

DATE _____

BUDGET JOURNALIER	DÉPENSES	VENTES

LISTES:

- [ ] _____
- [ ] _____
- [ ] _____
- [ ] _____
- [ ] _____

- [ ] _____
- [ ] _____
- [ ] _____
- [ ] _____
- [ ] _____

RESULTATS

DURÉE DES PUBLICITÉS	BÉNÉFICE TOTAL	DATE DE LA PROCHAINE CAMPAGNE PUBLICITAIRE

NOTES

Planificateur Etsy Pinterest

DATE PUBLICATION:		☐ IMAGE
HEURE:		☐ GRAPHIC
		☐ DESCRIPTION
CATEGORIE:		☐ HASHTAGS
		☐ PIN
LIEN INCLUS:		☐ GROUPE BOARD
		☐

DESCRIPTION:
HASHTAGS:
POST STATISTIQUES:

DATE PUBLICATION:		☐ IMAGE
HEURE:		☐ GRAPHIC
		☐ DESCRIPTION
CATEGORIE:		☐ HASHTAGS
		☐ PIN
LIEN INCLUS:		☐ GROUPE BOARD
		☐

DESCRIPTION:
HASHTAGS:
POST STATISTIQUES:

Planificateur Etsy Pinterest

DATE PUBLICATION:		☐ IMAGE
HEURE:		☐ GRAPHIC
CATEGORIE:		☐ DESCRIPTION
		☐ HASHTAGS
		☐ PIN
LIEN INCLUS:		☐ GROUPE BOARD
		☐

DESCRIPTION:

HASHTAGS:

POST STATISTIQUES:

DATE PUBLICATION:		☐ IMAGE
HEURE:		☐ GRAPHIC
		☐ DESCRIPTION
CATEGORIE:		☐ HASHTAGS
		☐ PIN
LIEN INCLUS:		☐ GROUPE BOARD
		☐

DESCRIPTION:

HASHTAGS:

POST STATISTIQUES:

Keywords Recherche

Prenez le nom de votre produit et faites un brainstorming de mots-clés avec des sujets et des sous-thèmes posant les questions ci-dessous. Pensez à au moins 3 sous-thèmes pour chaque question. L'idée est de créer un réseau de mots connexes issus de votre sujet général ou du nom de votre produit.

Sujet

Quoi
1: _____
2: _____
3: _____

Pourquoi
1: _____
2: _____
3: _____

Comment
1: _____
2: _____
3: _____

Où
1: _____
2: _____
3: _____

Qui
1: _____
2: _____
3: _____

Quand
1: _____
2: _____
3: _____

Notes:

Suivi Etsy Growth

MOIS _____

Statistiques des produits de la boutique

Produits Best Seller	Produits les plus vus	Produits préférés	Produits les moins vus

Suivi Boutique

Clients	Visites et Sessions	Commandes	Taux de Conversion,

Suivi Etsy Growth

MOIS _____

Statistiques des produits de la boutique

Produits Best Seller	Produits les plus vus	Produits préférés	Produits les moins vus

Suivi Boutique

Clients	Visites et Sessions	Commandes	Taux de Conversion,

Statistiques trimestrielles

TRIMESTRE

VUES	VISITES	BOUTIQUE FAVORITES	PRODUITS FAVORIS

LE PLUS PERFORMANT	
LE MOINS PERFORMANT	
TOTAL DES TAXES À PAYER	
TOTAL VENTES	
TOTAL REVENUS	

VUES	VISITES	BOUTIQUE FAVORITES	PRODUITS FAVORIS

LE PLUS PERFORMANT	
LE MOINS PERFORMANT	
TOTAL DES TAXES À PAYER	
TOTAL VENTES	
TOTAL REVENUS	

VUES	VISITES	BOUTIQUE FAVORITES	PRODUITS FAVORIS

LE PLUS PERFORMANT	
LE MOINS PERFORMANT	
TOTAL DES TAXES À PAYER	
TOTAL VENTES	
TOTAL REVENUS	

Statistiques trimestrielles

TRIMESTRE _____

VUES	VISITES	BOUTIQUE FAVORITES	PRODUITS FAVORIS

LE PLUS PERFORMANT	
LE MOINS PERFORMANT	
TOTAL DES TAXES À PAYER	
TOTAL VENTES	
TOTAL REVENUS	

VUES	VISITES	BOUTIQUE FAVORITES	PRODUITS FAVORIS

LE PLUS PERFORMANT	
LE MOINS PERFORMANT	
TOTAL DES TAXES À PAYER	
TOTAL VENTES	
TOTAL REVENUS	

VUES	VISITES	BOUTIQUE FAVORITES	PRODUITS FAVORIS

LE PLUS PERFORMANT	
LE MOINS PERFORMANT	
TOTAL DES TAXES À PAYER	
TOTAL VENTES	
TOTAL REVENUS	

Objectifs Trimestriels

Trimestre 1:
De _____ A _____

Trimestre 2:
De _____ A _____

Trimestre 3:
De _____ A _____

Trimestre 4:
De _____ A _____

Statistiques Mensuel

MOIS   **ANNÉE**

Phrases de recherche les plus visitées

-
-
-
-
-
-
-

Annonces les plus populaires

-
-
-
-
-
-
-

Sources du trafic

Statistiques Mensuel

MOIS   **ANNÉE**

Phrases de recherche les plus visitées

-
-
-
-
-
-
-

Annonces les plus populaires

-
-
-
-
-
-
-

Sources du trafic

Bénéfices Annuel

	INCOME	FOURNITURES	MARKETING	FRAIS	PROFIT
JANVIER					
FEVRIER					
MARS					
AVRIL					
MAI					
JUIN					
AOUT					
SEPT					
OCT					
NOV					
DEC					

Étapes à suivre :

Planificateur Saisonnier

Année: _____

JANVIER	FEVRIER	MARS
AVRIL	MAI	JUIN
JUILLET	AOUT	SEPTEMBRE
OCTOBRE	NOVEMBRE	DECEMBRE

Planificateur Saisonnier

Année: _____

JANVIER	FEVRIER	MARS

AVRIL	MAI	JUIN

JUILLET	AOUT	SEPTEMBRE

OCTOBRE	NOVEMBRE	DECEMBRE

Mises à jour des produits

MATÉRIELS

Référence	Nom Produit	Détails	Quantité

MATÉRIELS

Référence	Nom Produit	Détails	Quantité

Mises à jour des produits

MATÉRIELS

Référence	Nom Produit	Détails	Quantité

MATÉRIELS

Référence	Nom Produit	Détails	Quantité

Suivi des Commandes

MOIS			ANNÉE	
DATE	N° COMMANDE	QUANTITÉ	CLIENT	✓
				☐
				☐
				☐
				☐
				☐
				☐
				☐
				☐
				☐
				☐
				☐
				☐
				☐
				☐
				☐
				☐
				☐
				☐
				☐
				☐
				☐
				☐
				☐
				☐
				☐
				☐
				☐
				☐
				☐
				☐
				☐
				☐

Suivi des Commandes

MOIS   **ANNÉE**

DATE	N° COMMANDE	QUANTITÉ	CLIENT	✓
				☐
				☐
				☐
				☐
				☐
				☐
				☐
				☐
				☐
				☐
				☐
				☐
				☐
				☐
				☐
				☐
				☐
				☐
				☐
				☐
				☐
				☐
				☐
				☐
				☐
				☐
				☐
				☐
				☐

Dépenses & Frais

MOIS		ANNÉE		
DATE	DESCRIPTION	CATEGORIE	MONTANT	✓
				☐
				☐
				☐
				☐
				☐
				☐
				☐
				☐
				☐
				☐
				☐
				☐
				☐
				☐
				☐
				☐
				☐
				☐
				☐
				☐
				☐
				☐
				☐
				☐
				☐
				☐
				☐
				☐
				☐
				☐
MOIS		ANNÉE		

Dépenses & Frais

MOIS **ANNÉE**

DATE	DESCRIPTION	CATEGORIE	MONTANT	✓
				☐
				☐
				☐
				☐
				☐
				☐
				☐
				☐
				☐
				☐
				☐
				☐
				☐
				☐
				☐
				☐
				☐
				☐
				☐
				☐
				☐
				☐
				☐
				☐
				☐
				☐
				☐
				☐
				☐
				☐

Suivi des Retours

N° Commande	Date	Date Retour	Motif du retour	Reçu	Remboursé

Suivi des Retours

N° Commande	Date	Date Retour	Motif du retour	Reçu	Remboursé

Journal d'expédition

Date	Nom Produit	Client	N° Suivi	Réseau

Journal d'expédition

Date	Nom Produit	Client	N° Suivi	Réseau

Suivi des Achats

Mois:

Date réception	Article	Fournisseur	Prix	Quantité	Coût

Suivi des Achats

Mois:

Date réception	Article	Fournisseur	Prix	Quantité	Coût

Suivi des Fournisseurs

Fournisseur	Personne à contacter	Téléphone	Produit	Prix Unitaire	Qté

Suivi des Fournisseurs

Fournisseur	Personne à contacter	Téléphone	Produit	Prix Unitaire	Qté

Suivi des Stocks

DATE	DESCRIPTION	QUANTITÉ	RÉAPPROVISIONNEMENT	FOURNISSEUR

Suivi des Stocks

DATE	DESCRIPTION	QUANTITÉ	RÉAPPROVISIONNEMENT	FOURNISSEUR

Gestionnaire des Ventes

MOIS				ANNÉE		
DATE	ARTICLE VENDU	N° COMMANDE	PRIX DE VENTE	VOTRE COÛT	FRAIS	REVENUS

Gestionnaire des Ventes

MOIS   ANNÉE

DATE	ARTICLE VENDU	N° COMMANDE	PRIX DE VENTE	VOTRE COÛT	FRAIS	REVENUS

Suivi des Ventes

Dates | **Ventes**

Suivi des Ventes

Dates	Ventes

Suivi du Revenu

MOIS DE   **ANNÉE**

DATE	DESCRIPTION	SOURCE	MONTANT

Suivi du Revenu

MOIS DE   ANNÉE

DATE	DESCRIPTION	SOURCE	MONTANT

Suivi des Dépenses

MOIS

DATE	CATEGORIE	DESCRIPTION	REVENU
		TOTAL:	

Suivi des Dépenses

MOIS

DATE	CATEGORIE	DESCRIPTION	REVENU
		TOTAL:	

Suivi des mots de Passe

Suivi des mots de Passe

To Do List

Checklist

Notes

To Do List

Checklist

○
○
○
○
○
○
○
○
○
○
○
○
○
○
○
○
○

Notes

_____
_____
_____
_____
_____
_____
_____
_____
_____
_____
_____
_____
_____
_____
_____
_____
_____
_____
_____

To Do List

Checklist

○
○
○
○
○
○
○
○
○
○
○
○
○
○
○
○
○
○

Notes

_____
_____
_____
_____
_____
_____
_____
_____
_____
_____
_____
_____
_____
_____
_____
_____
_____
_____
_____
_____
_____
_____

To Do List

Checklist

○
○
○
○
○
○
○
○
○
○
○
○
○
○
○
○
○

Notes

_____
_____
_____
_____
_____
_____
_____
_____
_____
_____
_____
_____
_____
_____
_____
_____
_____
_____
_____

Tableau des tâches

MISSIONS	L	M	ME	J	V	S
	☐	☐	☐	☐	☐	☐
	☐	☐	☐	☐	☐	☐
	☐	☐	☐	☐	☐	☐
	☐	☐	☐	☐	☐	☐
	☐	☐	☐	☐	☐	☐
	☐	☐	☐	☐	☐	☐
	☐	☐	☐	☐	☐	☐
	☐	☐	☐	☐	☐	☐
	☐	☐	☐	☐	☐	☐
	☐	☐	☐	☐	☐	☐
	☐	☐	☐	☐	☐	☐
	☐	☐	☐	☐	☐	☐

Notes

Tableau des tâches

MISSIONS	L	M	ME	J	V	S
	☐	☐	☐	☐	☐	☐
	☐	☐	☐	☐	☐	☐
	☐	☐	☐	☐	☐	☐
	☐	☐	☐	☐	☐	☐
	☐	☐	☐	☐	☐	☐
	☐	☐	☐	☐	☐	☐
	☐	☐	☐	☐	☐	☐
	☐	☐	☐	☐	☐	☐
	☐	☐	☐	☐	☐	☐
	☐	☐	☐	☐	☐	☐
	☐	☐	☐	☐	☐	☐
	☐	☐	☐	☐	☐	☐
	☐	☐	☐	☐	☐	☐

Notes

Tableau des tâches

MISSIONS

L M ME J V S

Notes

Tableau des tâches

MISSIONS	L	M	ME	J	V	S
	☐	☐	☐	☐	☐	☐
	☐	☐	☐	☐	☐	☐
	☐	☐	☐	☐	☐	☐
	☐	☐	☐	☐	☐	☐
	☐	☐	☐	☐	☐	☐
	☐	☐	☐	☐	☐	☐
	☐	☐	☐	☐	☐	☐
	☐	☐	☐	☐	☐	☐
	☐	☐	☐	☐	☐	☐
	☐	☐	☐	☐	☐	☐
	☐	☐	☐	☐	☐	☐
	☐	☐	☐	☐	☐	☐
	☐	☐	☐	☐	☐	☐
	☐	☐	☐	☐	☐	☐

Notes

Planificateur Journalier

DATE _____

Mon Top 3 des Priorités

1.	2.	3.

Les personnes que je dois aider aujourd'hui

1.	2.	3.

Les tâches qui doivent être terminées avant la fin de la journée

1.	2.	3.

Planifier les éléments ci-dessus dans ma journée ci-dessous

AUJOURD'HUI

- 6 H 00
- 7 H 00
- 8 H 00
- 9 H 00
- 10 H 00
- 11 H 00
- 12 H 00
- 13 H00
- 14 H 00
- 15 H 00
- 14 H 00
- 15 H 00
- 16 H 00
- 17 H 00
- 18 H 00
- 19 H 00
- 20 H 00

Ma Récompense du jour

Je suis reconnaissante pour

1.
2.
3.

Notes

Planificateur Journalier

DATE _____

Mon Top 3 des Priorités

1.	2.	3.

Les personnes que je dois aider aujourd'hui

1.	2.	3.

Les tâches qui doivent être terminées avant la fin de la journée

1.	2.	3.

Planifier les éléments ci-dessus dans ma journée ci-dessous

AUJOURD'HUI

6 H 00	
7 H 00	
8 H 00	
9 H 00	
10 H 00	
11 H 00	
12 H 00	
13 H 00	
14 H 00	
15 H 00	
14 H 00	
15 H 00	
16 H 00	
17 H 00	
18 H 00	
19 H 00	
20 H 00	

Ma Récompense du jour

Je suis reconnaissante pour

1.
2.
3.

Notes

Planificateur Journalier

DATE _____

Mon Top 3 des Priorités

| 1. | 2. | 3. |

Les personnes que je dois aider aujourd'hui

| 1. | 2. | 3. |

Les tâches qui doivent être terminées avant la fin de la journée

| 1. | 2. | 3. |

Planifier les éléments ci-dessus dans ma journée ci-dessous

AUJOURD'HUI

6 H 00	
7 H 00	
8 H 00	
9 H 00	
10 H 00	
11 H 00	
12 H 00	
13 H 00	
14 H 00	
15 H 00	
14 H 00	
15 H 00	
16 H 00	
17 H 00	
18 H 00	
19 H 00	
20 H 00	

Ma Récompense du jour

Je suis reconnaissante pour

1.
2.
3.

Notes

Planificateur Journalier

DATE _____

Mon Top 3 des Priorités

1.	2.	3.

Les personnes que je dois aider aujourd'hui

1.	2.	3.

Les tâches qui doivent être terminées avant la fin de la journée

1.	2.	3.

Planifier les éléments ci-dessus dans ma journée ci-dessous

AUJOURD'HUI

- 6 H 00
- 7 H 00
- 8 H 00
- 9 H 00
- 10 H 00
- 11 H 00
- 12 H 00
- 13 H 00
- 14 H 00
- 15 H 00
- 14 H 00
- 15 H 00
- 16 H 00
- 17 H 00
- 18 H 00
- 19 H 00
- 20 H 00

Ma Récompense du jour

Je suis reconnaissante pour

1.
2.
3.

Notes

Semainier

SEMAINE

| LUNDI | MARDI | MERCREDI |
|---|---|---|//

JEUDI	VENDREDI	SAMEDI

DIMANCHE	Notes

Semainier

SEMAINE

LUNDI	MARDI	MERCREDI
JEUDI	VENDREDI	SAMEDI
DIMANCHE	*Notes*	

Semainier

SEMAINE

LUNDI	MARDI	MERCREDI

JEUDI	VENDREDI	SAMEDI

DIMANCHE	Notes

Semainier

SEMAINE

LUNDI	MARDI	MERCREDI

JEUDI	VENDREDI	SAMEDI

DIMANCHE	Notes

Planificateur Mensuel

MOIS: _____ **ANNÉE:** _____

LUNDI	MARDI	MERCREDI	JEUDI	VENDREDI	SAMEDI	DIMANCHE

CHOSES IMPORTANTES A FAIRE

_____
_____
_____
_____

Planificateur Mensuel

MOIS: _____   **ANNÉE:** _____

LUNDI	MARDI	MERCREDI	JEUDI	VENDREDI	SAMEDI	DIMANCHE

CHOSES IMPORTANTES A FAIRE

_____
_____
_____
_____

Planificateur Mensuel

MOIS: _____ **ANNÉE:** _____

LUNDI	MARDI	MERCREDI	JEUDI	VENDREDI	SAMEDI	DIMANCHE

CHOSES IMPORTANTES A FAIRE

_____

_____

_____

_____

Planificateur Mensuel

MOIS: _____   **ANNÉE:** _____

LUNDI	MARDI	MERCREDI	JEUDI	VENDREDI	SAMEDI	DIMANCHE

CHOSES IMPORTANTES A FAIRE

_____
_____
_____
_____

Planificateur Annuel

JANVIER
1 _____
2 _____
3 _____

FEVRIER
1 _____
2 _____
3 _____

MARS
1 _____
2 _____
3 _____

AVRIL
1 _____
2 _____
3 _____

MAI
1 _____
2 _____
3 _____

JUIN
1 _____
2 _____
3 _____

JUILLET
1 _____
2 _____
3 _____

AOUT
1 _____
2 _____
3 _____

SEPTEMBRE
1 _____
2 _____
3 _____

OCTOBRE
1 _____
2 _____
3 _____

NOVEMBRE
1 _____
2 _____
3 _____

DECEMBRE
1 _____
2 _____
3 _____

Notes

Notes

Notes

Notes

Printed in France by Amazon
Brétigny-sur-Orge, FR

18629073R00052